AF454866

7 Novembre 1882.

VENTE

Par suite du décès de Mr Lacombe

MARCHAND DE CURIOSITÉS

OBJETS D'ART

Faïences anciennes

de DELFT, ROUEN, MOUSTIERS, NEVERS, MARSEILLE, etc.

PORCELAINES — ARMES — ARGENTERIE

MEUBLES ANCIENS

TABLEAUX — GRAVURES — CADRES
BRONZES — CUIVRES — IVOIRES — FERS — BIJOUX
ÉTOFFES — TAPISSERIES
OBJETS DE VITRINE — OBJETS DIVERS

Hôtel Drouot, Salle n° 5

LES MARDI 7 ET MERCREDI 8 NOVEMBRE 1882

A UNE HEURE ET DEMIE

Me E. BERTHELIN	M. GANDOUIN
COMMISSAIRE-PRISEUR	EXPERT DES DOMAINES
29, rue Le Peletier	42, rue Le Peletier

EXPOSITION AVANT LA VENTE

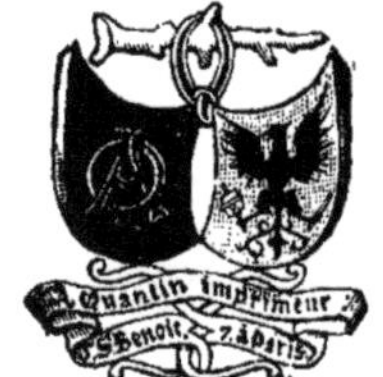
Quantin imprimeur
S Benoit, 7, à Paris

CONDITIONS DE LA VENTE

Elle sera faite au comptant.

Les acquéreurs payeront 5 pour 100 en sus des adjudications, applicables aux frais.

L'exposition mettant les acquéreurs à même de se rendre compte de l'état et de la nature des objets il ne sera admis aucune réclamation, une fois l'adjudication prononcée.

ORDRE DES VACATIONS

Mardi. — ARMES, PORCELAINES, FAIENCES, ARGENTERIE.

Mercredi. — TABLEAUX, CADRES, OBJETS DIVERS, MEUBLES, ÉTOFFES, TAPISSERIES.

DÉSIGNATION

MEUBLES :

1. — Console en bois sculpté et doré, époque Louis XVI.
2. — Deux petits Meubles, bonheur du jour, époque Louis XVI.
3. — Table en chêne à pieds tors, style Louis XIII.
4. — Autre à arceaux et pieds tors même style.
5. — Table bureau Louis XVI.
6. — Petite Table, époque Louis XIII, marquetée écaille.
7. — Console à un pied, bois sculpté et doré, Louis XVI.
8. — Petite Table torchère, Louis XIII, à pied tors.
9. — Console bois sculpté et doré, époque Louis XV.
10. — Grand et beau Cabinet sur pied en laque du Japon.
11. — Autre, analogue au précédent.
12. — Commode à deux tiroirs acajou, époque Louis XVI.
13. — Quatre Tabourets, époque Louis XIV.
14. — Une Chaise, même époque.
15. — Deux autres, même époque.
16. — Petit Paravant à 3 feuilles, garni étoffe ancienne.
17. — Grand bois de canapé acajou, époque Louis XVIII.

18. — Prie-dieu en acajou.

19. — Glace avec cadre guilloché, époque Louis XIV.

20. — Console demi-lune, époque Louis XVI.

21. — Lit de l'époque Louis XVI, laqué blanc.

22. — Deux Gaines carrées, époque Louis XVI.

23. — Commode, même époque.

24. — Très beau Bureau de l'époque Louis XIV, en marqueterie de bois à bouquets, avec quart de rond ciselé et moulures en bronze.

25. — Petit meuble vitré, de style Louis XIII.

26. — Petit cabinet en marqueterie de bois, travail du XVIe siècle.

27. — Beau Tric-trac, Louis XIV, la boîte richement marquetée et jeu en ivoire.

28. — Vitrine à deux portes, époque Louis XIV, marqueterie de Bois debout.

29. — Toilette bureau, époque Louis XVI.

30. — Deux Fauteuils caqueteuse, renaissance.

31. — Deux encoignures, époque Louis XVI.

32. — Jardinière hollandaise, Louis XIV.

33. — Autre en cuivre rouge repoussé.

34. — Trois chauffe-pieds, en bois sculpté, Louis XV.

FAIENCES ANCIENNES

DELFT :

35. — Grand Plat, décor de goût chinois en bleu, riche marli (diam. 50).

36. — Plat à arabesques, décor polychrome.

37. — Soupière à arabesque, décor polychrome.

38. — Potiche, décor de goût chinois en bleu.

39. — Assiette de la compagnie, décorée d'un calvaire.

40. — Autre de la compagnie, décorée du Baptême du Christ.

41. — Autre avec port de mer, décor bleu.

42. — Autre avec servante et berceau, décor polychrome.

43. — Deux autres polychrome.

44. — Plat, forêt avec éléphants, décor bleu.

45. — Deux autres, chasse en forêt et pâtre, décor bleu.

46. — Plat et assiette avec profils de princes, polychrome.

47. — Six assiettes, décor bleu.

48. — Plat ovale, décor chinois en bleu.

49. — Cachepot, Flambeau, plaque décor bleu.

50. — Magot assis, décor polychrome.

51. — Bol, à décor bleu.

52. — Deux cornets, décor bleu.

53. — Douze Assiettes, décor divers.

54. — Plaque, cage avec oiseau, polychrome.

55. — Autre, à sujet de chasse, décor au manganèse.

56. — Potiche, décor de goût chinois bleu.

57. — Grande plaque ovale, Vénus, décor bleu.

58. — Trois pièces : deux Cornets et une Potiche, décor bleu.

59. — Cornet rond, décor bleu.

60. — Compotier carré, avec sujet de personnages en bleu.

61. — Plat à décor bleu et assiette à décor bizarre, polychrome.

62. — Cartel, porte-montre ; décor bleu.

63. — Potiche à couvercle, forme octogonale, avec sujets de pastorales, décor polychrome et doré.

64. — Compotier, avec bouquet de fleurs, riche marli, décor polychrome et doré.

65. — Deux Vases bouteilles, bleu.

MARSEILLE

66. — Plat ovale, décor fleurs polychrome.

67. — Deux Assiettes, décor fleurs polychrome.

68. — Assiette, décor paysage polychrome.

69. — Deux Plats à fleurs, en vert.

70. — Assiette décor fleurs polychrome, imité de l'Inde.

71. — Deux autres à fleurs polychrome.

72. — Plat ovale, décor fleurs et tulipe polychrome.

73. — Vase avec fleurs en relief, polychrome.

74. — Pichet, décor chinois, polychrome.

75. — Soupière et son plateau, très belle qualité, décor polychrome.

76. — Dix assiettes à fleurs polychrome, bord doré.

77. — Deux autres à fleurs polychrome, bord rosé.

78. — Deux Statuettes bouts de table, enfant assis tenant un poisson, décor polychrome.

79. — Plat et assiette, décor fleurs polychrome.

80. — Deux Statuettes, enfants assis, décor polychrome.

81. — Plat, décor fleurs, polychrome.

82. — Grande et belle pièce de surtout à quatre statuettes, décor polychrome.

ROUEN

83. — Assiette polychrome, à corbeille de fleurs, marli décoré sur fond, gros bleu.

84. — Autre armoriée, à riche décor bleu.

85. — Autre polychrome, à corbeille et dessin cachemire.

86. — Coupe godronnée, décor polychrome.

87. — Plat creux, décor bleu, goût chinois.

88. — Assiette à vase de fleurs, polychrome.

89. — Bouquetière, fleurs et oiseaux polychrome.

90. — Écuelle, décors fleurs polychrome.

91. — Plat à la corne tronquée, polychrome.

92. — Petit Plat à la corne tronquée, polychrome.

93. — Assiette, décor fleurs polychrome.

94. — Deux autres à marli, imitant la mousse, polychrome.

95. — Fontaine applique, à décor bleu.

96. — Grande Vasque, à décor bleu.

97. — Deux Vases bouquetières, à décor bleu, un sans couvercle.

98. — Fontaine, décor bleu.

99. — Pot attrappe, décor polychrome.

MOUSTIERS

100. — Plat à décor, dit de Bérain bleu.

101. — Plat ovale, décor de grotesques en polychrome.

102. — Plat ovale, décor de chinois en bleu.

103. — Plat ovale, oiseaux et fleurs, bleu.

104. — Plat ovale.

105. — Petite Fontaine à accrocher, décor dit de Bérain bleu.

106. — Cache-pot à décor de guirlandes, jaune.

107. — Couvercle à décor d'arabesques, bleu.

NEVERS

108. — Plat, décor de goût chinois, bleu (diam. 0,44).

109. — Saladier, décor de goût chinois, bleu.

110. — Plat, décor chasse au lion, riche marli, bleu (diam. 0.46).

111. — Plat rond, fond gros bleu, décor blanc, jaune et manganèse.

112. — Bouteille, fond gros bleu, avec taches blanches savonneuses.

113. — Petit Vase, fond gros bleu, décor blanc, jaune et manganèse.

114. — Pichet, fond gros bleu, décor analogue, mais commun.

115. — Paire de Vases, avec fond bleu, décor blanc et jaune.

116. — Plat, décor fleurs et oiseaux, bleu.

117. — Assiette, décor chinois, bleu.

118. — Vase à décor d'objets mobiliers, bleu.

119. — Aiguière forme casque, décor bleu.

120. — Vase à décor chinois bleu.

121. — Vase jardinière, décor chinois bleu, anses torsées.

122. — Vase jardinière, décor chinois bleu et manganèse, anses torsées.

123. — Vase jardinière, décor chinois bleu et manganèse, anses torsées.

124. — Vase bouteille, décor bleu.

125. — Gros Flambeau, décor bleu.

126. — Quatre Maisonnettes, décor polychrome.

127. — Vase cornet, bleu.

128. — Deux bouteilles, décor bleu.

129. — Petite Commode bouquetière.

130. — Deux petits Vases bouteilles, gros bleu, taches blanches.

131. — Fontaine ronde applique, décor bleu, goût chinois.

132. — Sous ce numéro les pièces non cataloguées.

FABRIQUES DIVERSES

133. — Plat de Venise, à réserves ornées de paysage sur fond lilas.

134. — Plat de Monte-Lupo, à réserves, femme portant une corbeille de fleurs.

135. — Plat d'Aprey, à réserves, oiseaux dans un paysage.

136. — Plat, fabrique ancienne d'Italie, plat à poisson, décor bleu.

137. — Deux Flambeaux, fabrique ancienne d'Italie, plat à poisson, décor bleu.

138. — Deux Colonnettes de Savone, fabrique ancienne d'Italie, décor paysage bleu.

139. — Paire de Vases des Abbruzes, fabrique ancienne d'Italie, décor polychrome avec godrons en relief.

*

140. — Plat en terre émaillé d'Arras, avec personnage fumant une pipe, et l'inscription suivante gravée dans l'émail (je suis colonelle de Crassin homme sans pareille pour fumer du taba 1755), collection O. Petit, d'Arras.

141. — Autre, avec figure en relief, représentant Amphitrite sur un char marin, décor polychrome.

142. — Pichet de Lille, décor polychrome.

143. — Encrier en Saint-Omer, émail bleu savonneux, surmonté de deux statuettes de sœurs de Saint-Vincent-de-Paul.

144. — Plat de Savone, décor chien bleu.

145. — Deux Cornets, de Savone, décor hibou bleu.

146. — Porte-burettes de Bruxelles.

147. — Deux Vases de pharmacie Savonne.

148. — Cornet de Deruta.

149. — Vase de table, à huit récipients, ornés de fleurettes et oiseaux en polychrome, fabrique de Marieberg (Collection Doucet).

150. — Coquille de Savone, décor enfant.

151. — Assiette de Milan, décor fruits polychrome.

152. — Deux grandes plaques ovales de Mayence, représentant une pastorale et des cavaliers tartares, décor polychrome.

153. — Deux Plats de Faenza, décor d'arabesques en polychrome.

154. — Grands plats de Faenza, avec amour, en polychrome.

155. — Plat de Rhodes, à fleurs et palmettes polychrome.

156. — Autre de Rhodes, à quadrille pointillé polychrome.

157. — Plat ajouré, à mascarons en relief de la suite de Bernard-Palissy.

158. — Deux Assiettes, à chiffre couronné, fabrique de Sceaux.

159 — Assiette à oiseau, fabrique de Strasbourg.

160. — Pastorale, groupe polychrome, fabrique de Mayence.

FAIENCES MODERNES

161. — Assiette au rocher et fleurs, décor polychrome et doré genre Delft.

162. — Deux Cornets, avec réserves ornées de marines et doré genre Delft.

163. — Petit Sucrier, décor de goût chinois et doré genre Delft.

164. — Pot et sa Cuvette, décor polychrome, dit au tonnerre et doré genre Delft.

165 — Assiette à la corne, décor polychrome, genre Rouen.

166. — Sucrier, décor polychrome, genre Rouen.

167. — Cinq Tasses et Soucoupes, décor polychrome genre Marseille.

168. — Deux Assiettes avec buveurs, décor polychrome, genre Marseille.

169. — Assiette armoriée, décor bleu, genre Rouen.

170. — Plat avec riche marli, au centre, sujet représentant Latone, décor polychrome, genre Moustiers.

171. — Assiette de même travail avec sujet représentant Apollon.

172. — Plat, vase et fleurs, genre Rouen.

173. — Autre de décor bleu, genre Rouen.

PORCELAINES ANCIENNES

174. — Deux Compotiers de l'Inde décor fleurs.

175. — Deux Plats longs de l'Inde, décor fleurs.

176. — Saucière de même décor.

177. — Léda, Plaque d'après Corrège.

178. — Vénus, Plaque d'après Lemoine

179. — Grand Plat vieux japon, décor bleu.

180. — Deux Plats fabriques anciennes de l'Inde.

181. — Grand Vase ajouré orné de fleurs, Saxe moderne.

182. — Deux Cornets, Japon moderne, décor bleu.

183. — Deux petites Potiches, vieux Japon.

184. — Six Tasses, fabrique de Saxe.

185. — Statuette, Divinité assise, vieux blanc de Chine.

186. — Bacchus, groupe Saxe moderne.

187. — Sucrier, décor fleurs, id.

188. — Deux Assiettes ornées de cartes géographiques, par Gonord, époque Louis XVIII.

189. — Plat, vieux Japon.

190. — Deux Assiettes, fabrique ancienne des Indes, avec reproduction *des Cerises d'après Baudouin.*

191. — Deux autres, même époque avec armoirie.

192. — Chasseur, Statuette fabrique de Worcester.

193. — Coupe, fabrique de Capo di Monte; moderne.

194. — Deux petits Chiens, assis, fabrique ancienne de Schelsea.

195. — Deux autres, fabrique inconnue.

196. — Statuette, Bergère, vieux Saxe.

197. — Deux autres Enfants, Saxe moderne.

198. — Six Assiettes, vieux Chine et Japon, décor divers.

199. — Tasse et Soucoupe, vieux Sèvres, pâte dure.

200. — Deux Tasses, Vieux Saxe, deux Bols Chine, deux Plats, vieux Chine, trois Théières, une Assiette Chantilly (Sera divisé).

201 — Sous ce numéro les porcelaines non cataloguées

ARMES

202. — Fusil arabe, damasquiné, argent.

203. — Fusil sarde, époque Louis XIV, avec nombreuses parties en fer ouvré.

204. — Fusil, autre analogue.

205. — Canardière de l'époque Louis XV.

206. — id. id.

207. — Paire de Pistolets d'arçon, époque Louis XV, pommeau argent.

208. — Autre paire à deux coups, canons gravés et dorés.

209. — Deux petits Tromblons d'arçon, damasquinés argent.

210. — Pistolet Louis XV à canon double se renversant.

211. — Bouclier, rondache damasquinée argent, travail persan.

212. — Hausse-col en fer gravé.

213. — Deux brassards, gravés.

214. — Casque japonais avec parties damasquinées argent.

215. — Poire à poudre, garnie en argent.

216. — Autre id. id.

217. — Poignard turc damasquiné, garniture argent niellé.

218. — Deux Épées de combat.

219. — Une Épée, Louis XVIII.

220. — Grande Épée, style renaissance, garde en cuivre gravé.

221. — Autre en fer.

222. — Épée de l'époque gothique.

223. — Masse d'armes.

224. — Poignard oriental, fourreau et poignée en argent.

225. — Fourreau de Poignard oriental, argent.

226. — Divers éperons, un étrier.

227, — Amorçoir oriental, garni argent, niellé.

228. — Poignard turc.

229. — Pièces diverses, non cataloguées.

ARGENTERIE

230. — Grand Vidrecome de l'époque Louis XIV, à couvercle, travail repoussé, ciselé, gravé, avec parties dorées, à sujet allégorique et surmonté d'un lion couché (1250 grammes).

231. — Paire de Flambeaux de l'époque Louis XV, travail au repoussé (638 grammes).

232. — Écuelle sans couvercle, époque Louis XIV, repoussé ornée de masques (220 grammes).

233. — Sucrier de l'époque du Consulat avec parties repoussées et ciselées.

234. — Divinité indienne, elle est représentée assise, sous un arbre (travail très ancien).

235. — Quantité de Boutons en filigrane, travail ancien espagnol.

236. — Montre, travail repoussé et ciselé, époque Louis XV ornée d'un émail.

237. — Boîte carrée, dont le couvercle orné de figures est de travail hollandais du XVIIe siècle.

238. — Quatre Cuillers à confitures du XVIIe siècle.

239. — Petit Modèle de boîte à sel, travail russe.

240. — Petit Modèle de panier. id.

241. — Deux Flacons à odeurs, garniture ciselée, gravée et dorée.

242. — Médaillon en filigrane, travail génois.

243. — Paire Boucles d'oreille, travail génois.

244. — Ours, debout, travail style du XVIe siècle (1698 gr.).

245. — Cafetière Louis XVI, ornée de guirlandes et d'ornements divers, travail repoussé et ciselé (1250 gr.)

246. — Trois Bas-Reliefs repoussés; histoire du roi David (même cadre).

247. — Bas-Relief rond, repoussé, représentant la conversion de Saint-Paul; travail du XVIIIe siècle (320 grammes).

248. — Plat ovale, au centre Loth et ses filles, sur le marli arabesques, style du XVIIe siècle, très beau travail repoussé (600 grammes).

249. — Deux Bénitiers de l'époque Louis XV, avec plaques en cuivre repoussé.

250. — Petite Statuette de Vierge, époque Louis XIV.

251. — Deux paires Boucles, Louis XVI.

252. — Écoinçon de Livre, travail gothique.

TABLEAUX, GRAVURES, CADRES

253. — École flamande. — Fleurs dans un vase.

254. — id. — Fruits et légumes.

255. — École italienne. — Quatre gouaches; ruines.

265. — Raphaël (d'après). — Sainte-Famille.

257. — Castiglione (Benedetto). — Scène champêtre.

258. — Id. — Id.

259. — École italienne. — Andromède.

260. — Vernet (d'après Joseph). — Clair de lune.

261. — Querfuth. — Repos de chasse.

262. — École flamande. — Allégorie.

263. — Greuze (d'après). — Deux gravures.

264. — Vingt-deux Cadres sculptés et dorés des époques Louis XIII, Louis XIV, Louis XV, Louis XVI.
Sera divisé.

265. — Cadre sculpté, travail chinois.

266. — Bas-Relief en bois sculpté représentant Jésus et les docteurs.

267. — Très beau Tryptique de l'école byzantine, sur fond noir, orné de nombreux personnages, avec cadre très curieux, sculpté.

268. — Petit Tryptique de l'école russe, avec garniture en argent.

ÉTOFFES ET TAPISSERIES

261. — Chasuble soie brochée Louis XV.

270. — Dalmatique, id.

271. — Gilet brodé, époque Louis XVI.

272. — Morceau d'étoffe brodé en fin.

273. — Vingt mètres satin bleu, à fleurs brochées Louis XVI.

274. — Morceau tapisserie au point Louis XIV.

275. — Lambrequin, broderie chinoise.

276. — Tapisserie au point et à fleurs, pour deux fauteuils, époque Louis XIV.

OBJETS DIVERS

277. — Cheval, en bronze, travail florentin du XVIe siecle.

278. — Bacchante, émail moderne sur fer.

279. — Quatre vases en verre opalin, monture en bronze époque Louis XVIII.

280. — Deux glaces, avec cadres en bois guilloché Louis XIII.

281. — Autre avec cadre écaillé et cuivre repoussé.

282. — Deux appliques à lumières, cuivre repoussé, époque Louis XIV.

283. — Deux autres, bronze fondu, Louis XIV.

284. — Deux autres, à masques, époque Louis XIV.

285. — Cage hollandaise, cuivre repoussé.

286 — Paire de candélabres, bronze doré, époque du Consulat.

287. — Pendule de l'époque Louis XVI, bronze doré et marbre.

288. — Ciboire du XVIe siècle, cuivre gravé et doré.

289. — Pendule horizontale, cuivre doré, et gravé, du XVIe siècle.

290. — Croix sur socle, en cuivre repoussé et doré, époque Louis XIV.

291. — Paire de candélabres, empire, femme supportant quatre lumières.

292. — Paire de flambeaux, bronze doré, époque Louis XV.

293. — Paire de candélabres à bouquet, travail moderne.

294. — Deux vases en cuivre gravé, travail persan.

295. — Coffret en cuivre gravé; travail persan.

296. — Vielle de l'époque Louis XV, le manche orné d'un masque.

297. — Petit modèle de pièce de canon, Louis XIV.

298. — Vitrail moderne, tête de guerrier.

299. — Voltaire; statuette en bronze.

300. — Caligula, Sully; petits bustes bronze.

301. — Buste d'enfant, bronze de Husson.

302. — Colonne Trajane, petite reproduction en bronze doré.

303. — Mendiant, bronze chinois.

304. — Cheval attaqué par un lion, bronze du XVIe siècle.

305. — Agneau; bronze de l'époque gothique.

306. — Enfant, statuette, porte-lumière bronze.

307. — Deux Poignées de portes Louis XIV, en fer ciselé.

308. — Bouton de porte et sa plaque, fer ouvré, époque Louis XV.

309. — Deux Serrures gothiques provenant de coffres.

310. — Suspension en fer forgé.

311. — Bèche en fer ajouré et ciselé, époque Louis XIII.

312. — Six Couteaux, six Fourchettes à manches en nacre, époque Louis XVI.

313. — Couteau et Fourchette, manche en buffle sculpté, époque Renaissance.

314. — Petite Coupe en agathe.

315. — Boîte en écaille garnie argent Louis XV.

316. — 21 Miniatures, Portraits et sujets divers.
Sera divisé.

317. — 3 Émaux anciens.

318. — 2 Bonbonnières en bronze doré, travail chinois.

319. — Diverses Coques de montres Louis XIV.

320. — 35 Boutons porcelaine de Saxe garnis en argent.

321. — Boutons de diverses époques; par séries.

322. — Bijoux divers; Épingles, Boucles d'oreilles, Bagues, Chapelets, Chatelaines.
Ce lot sera divisé.

323. — Deux Pipes en bois sculpté.

324. — Deux Cocos sculptés garnis en argent.

325. — Quatre Coiffures anciennes du Tyrol brodées en fin.

326. — Volumes divers avec reliures.

327. — Deux Flambeaux en émail, par Robillard.

328. — Flambeau bronze doré et fleurs en porcelaine Saxe.

329. — Deux petites Bouteilles en porcelaine de Damas.

330. — Petit Coffret en acier ciselé et doré, travail ancien d'Arkangel.

331. — Sous ce numéro les objets divers non catalogués.

332. — Narcisse — statuette empire, bronze doré.

333. — Sous ce N°, quantité de bronzes dorés, et non dorés provenant de meubles des époques Louis XIV, Louis XV, Louis XVI et Empire, poignées, entrées, appliques, chutes, sabots, etc., etc.
Sera divisé.

334. — Paire de Flambeaux bronze, époque Louis XVIII.

335. — Trépied en fer forgé.

336. — Lutrin en fer forgé.

337. — Christ en bois sculpté gothique.

338. — Croix en ivoire.

339. — Coffret en fer gothique.

340. — Autre de la Renaissance.

341. — Flore, très beau groupe en ivoire sculpté.

342. — Deux Flambeaux, satyres en ivoire sculpté.

343. — Groupe de rochers avec nombreux personnages en ivoire sculpté, travail chinois.

344. — Deux Boutons neskes avec nombreux personnages, travail chinois.

345. — Dyptique ivoire, sculpté style bysantin.

346. — Bas-relief en bronze, d'après Phidias.

347. — Cadre bronze doré, époque Louis XVIII.

348. — Narghilé damasquiné d'argent, travail persan.

349. — Vase de même travail, id.

350. — Lion debout armé, enseigne en étain.

351. — Trois Clefs en fer forgé et ciselé Louis XIV.

352. — Poignée de Canne, Verrou, Briquet, Ancre, Pipe, Romaine et objets divers en fer forgé et ciselé.

353. — Serrure Louis XIV, fer gravé.

354. — Râpe à tabac, fer gravé et damasquiné argent et or travail français du XVIIe siècle.

355. — Petite Boîte carrée damasquinée, argent, même travail et époque.

356. — Pince en fer gravé du XVIe siècle.

357. — Six pièces en fer. Pinces et Presses de diverses époques.

358. — Objets omis au Catalogue.

Paris. — A. Quantin, imp. 7, rue Saint-Benoît. [2001]

www.ingramcontent.com/pod-product-compliance
Ingram Content Group UK Ltd.
Pitfield, Milton Keynes, MK11 3LW, UK
UKHW021038260726
13994UKWH00005B/2236

9 782329 488233